Salim Merazga

Les Cartes Cognitives Dans Le Domaine De Décision

Salim Merazga

Les Cartes Cognitives Dans Le Domaine De Décision

un outil de manipulation et d'analyse des carte cognitive

Éditions universitaires européennes

Imprint
Any brand names and product names mentioned in this book are subject to trademark, brand or patent protection and are trademarks or registered trademarks of their respective holders. The use of brand names, product names, common names, trade names, product descriptions etc. even without a particular marking in this work is in no way to be construed to mean that such names may be regarded as unrestricted in respect of trademark and brand protection legislation and could thus be used by anyone.

Cover image: www.ingimage.com

Publisher:
Éditions universitaires européennes
is a trademark of
International Book Market Service Ltd., member of OmniScriptum Publishing Group
17 Meldrum Street, Beau Bassin 71504, Mauritius

Printed at: see last page
ISBN: 978-613-1-57656-0

République Algérienne Démocratique Et Populaire

Centre Universitaire Larbi Ben M'hidi

Oum El Bouaghi

Faculté Des Sciences Et De La Technologie

Département D'Informatique

Mémoire Présenté en vue de l'obtention du diplôme d'ingénieur en informatique

Année Universitaire 2009-2010

Un Outil De Manipulation Et D'Analyse Des Cartes Cognitives

Encadré Par L'enseignant : Guerram Tahar

Réalisé Par L'étudiant : Merazga Salim

Remerciement…

Avant de commencer d'exposer ce mémoire, je dois remercier cordialement deux personnes : ma mère et mon père ; où ils ont me donné beaucoup de choses dans ma vie et ce mémoire n'est qu'un fruit de leurs travails et leurs veilles durant toute ma vie.

Et avant tout et après tout… Dieu merci.

Sommaire

Introduction

Il est évident que notre vie est basée sur nos décisions, c'est-à-dire, plus que nos décisions sont biens prises plus que les conditions de notre vie s'améliorent. Sur le plan individuel ou collectif, la qualité des décisions prises influe positivement ou négativement sur la compétitivité et la survie d'une personne, d'un groupe de personnes ou d'un organisme.

Dans ce mémoire, on va présenter un des outils d'aide à la prise de décision caractérisé par sa facilité d'utilisation car il permet de simuler le raisonnement de l'être humain. Généralement, l'être humain raisonne de manière qualitative et un peu de manière quantitative, c'est-à-dire, on n'utilise pas des nombres précis dans notre raisonnement pour prendre une décision, par exemple, si on a cette affirmation « la saleté provoque des maladies » alors la décision sera « éviter la saleté », dans cet exemple on n'a pad dis « une quantité X de saleté provoque tel maladie avec un degré Y » et c'est ça la différence entre le raisonnement qualitatif et le raisonnement quantitatif. Il faut noter que le raisonnement qualitatif n'est pas mieux que le raisonnement quantitatif, c'est le contraire mais à cause de manque de nombre et de quantité, difficulté d'avoir des quantités, pas de temps pour calculer, il y a des situations où on a pas besoin des quantités pour décider (comme l'exemple précédent où je vais éviter la saleté même si je ne sais pas la valeur de X et Y, c'est le cas où on décide à base d'une vue générale) ..., on utilise le raisonnement qualitatif. Notre outil d'aide à la prise de décision est « Les cartes cognitives » dites aussi « Les cartes causales ». En plus de leur facilité d'utilisation, les cartes cognitives offrent un outil puissant d'analyse et de décision.

L'objectif général de ce mémoire est d'étudier les cartes cognitives afin de réaliser un outil informatique graphique qui nous permet de construire et de manipuler les cartes cognitives. Dans ce contexte, ce travail est organisé comme suit :

Le chapitre I va être consacré à la présentation de quelques notions autour du concept de décision.

Le chapitre II nous permet de présenter des notions sur la théorie des graphes utilisées par les cartes cognitives.

Le chapitre III va être dévolu à l'introduction de l'algèbre causale sur laquelle sont basées les cartes cognitives.

Le chapitre IV exploitera les trois chapitres précédents pour présenter les cartes cognitives et tout ce qui est nécessaire pour les construire et les exploiter.

Le chapitre V nous présentera l'outil informatique réalisé « Editeur des cartes cognitives ». Comme application réelle de cette technique, le chapitre VI présentera une application dans le domaine de l'infection virale.

Finalement, le chapitre VII nous permet de dresser une conclusion de notre travail et d'en donner des perspectives.

Chapitre I : La Décision

La théorie de décision est un domaine très vaste mais nous allons nous restreindre uniquement à quelques notions qui nous aideront à mieux comprendre les cartes cognitives, à savoir :

> ➤ La notion de décision.
> ➤ Le rôle du décideur.
> ➤ L'aide à la décision.

I.1 : La notion de décision

Pour beaucoup d'auteurs, la décision n'est qu'un choix entre au moins deux possibles choix.

La théorie de décision est une théorie, qui à partir de données psychologiques, économiques, sociologiques, etc., tente à déterminer, à l'aide d'un modèle mathématique, le comportement optimal dans une situation donnée.

I.2 : Le rôle du décideur

Le rôle du décideur n'est pas une tache facile à automatiser. Ceci est dû au fait que le décideur intervient dans le processus de prise de décision très souvent d'une manière humaine, c'est-à-dire que son raisonnement est influencé par des aspects propres aux humains tels que :

> ➤ Le cadre de décision : la décision est prise en fonction de la manière dont est présenté le problème.
> ➤ Le choix sans raisonnement : Souvent, on constate que les gens prennent des décisions sans vraiment savoir pourquoi.

➤ Les jugements affectifs : Les émotions jouent un rôle très important dans la prise de décision.

➤ L'expérience vécue : Le décideur humain fait toujours une révision rapide dans sa mémoire pour voir s'il a déjà vécu un cas similaire.

I.3 : L'aide à la décision

Généralement, tout décideur utilise un outil d'aide à la décision, afin de faciliter le travail d'analyse de problème.

En conséquence de la section précédente « Le rôle du décideur », on peut voir clairement que l'outil d'aide à la décision n'a pas comme objectif de remplacer le décideur humain ni d'être un compétiteur, mais compléter et améliorer le travail du décideur, afin de réduire son temps et son pourcentage d'erreur.

Pour conclure ce chapitre, on dit que la décision n'est qu'un choix parmi plusieurs, et que le rôle du décideur n'est pas facilement automatisable et par conséquent tout outil dans le domaine de la prise de décision n'est qu'un assistant pour le décideur humain.

Chapitre II : Les graphes

Les cartes cognitives ont une grande relation avec la théorie des graphes. Dans ce chapitre on va présenter les concepts et les notions nécessaires pour la compréhension et la manipulation des cartes cognitives, à savoir :

- ➢ Définition du graphe.
- ➢ Le graphe orienté.
- ➢ Le graphe étiqueté.
- ➢ Notion de chemin et de circuit.
- ➢ La matrice d'adjacence.

II.1 : Définition du graphe

Un graphe G est un couple (X,A) où :

X : ensemble de sommets (nœuds ou points).

A : ensemble d'arêtes.

La figure 2.1 illustre bien ces notions :

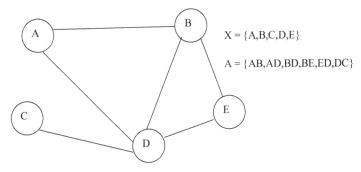

$X = \{A,B,C,D,E\}$

$A = \{AB,AD,BD,BE,ED,DC\}$

Fig. 2.1 – Exemple d'un graphe.

Remarque : l'arête est représentée par ses deux extrémités, par exemple l'arête entre le sommet A et le sommet B est représenté par AB.

II.2 : Le graphe orienté (dirigé) ou digraphe

Un graphe orienté est un graphe dont ses arêtes sont orientées. Voir la figure 2.2.

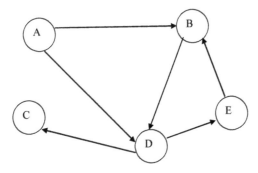

Fig. 2.2 – Exemple d'un graphe orienté.

Remarque : dans le cas des graphes orientés on utilise le terme d'arc au lieu d'arête.

II.3 : Le graphe étiqueté

Un graphe étiqueté est un graphe dont pour chaque arête (ou arc) on associe une valeur. Voir la figure 2.3.

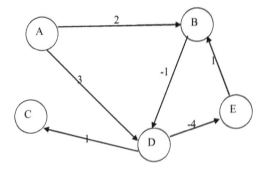

Fig. 2.3 – Exemple d'un graphe orienté étiqueté.

II.4 : Notion de chemin et de circuit (cycle orienté)

a) Le chemin

Un chemin est une séquence finie et alternée de sommets et d'arcs, débutant et finissant par des sommets. On peut extraire le chemin de la figure 2.4 à partir du graphe de la figure de la figure 2.2.

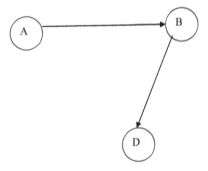

Fig. 2.4 – Exemple de chemin.

Si aucun des sommets composants la séquence n'existe plus d'une fois, alors le chemin est dit « chemin élémentaire ». La figure 2.4 représente un chemin élémentaire.

Si aucun des arcs composants la séquence n'existe plus d'une fois, alors le chemin est dit « chemin simple ». La figure 2.4 représente un chemin simple.

4.2 : Le circuit (cycle orienté)

Un circuit est un chemin dont les extrémités coïncident.

Un circuit élémentaire ne contient pas le même sommet plus d'une fois. La figure 2.5 représente un circuit élémentaire.

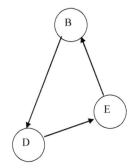

Fig. 2.5 – Exemple d'un circuit élémentaire.

II.5 : La matrice d'adjacence

Soit le graphe orienté G = (X,A) avec |X| = n (l'ensemble X contient n sommets). La matrice d'adjacence du graphe G est la matrice M de dimension nxn où

$$m_{ij} = \begin{cases} 1 \text{ , } s'il \text{ existe un arc entre le sommet } i \text{ et le sommet } j \\ 0 \text{ , } sinon \end{cases}$$

On prend comme exemple le graphe de la figure 2.2, sa matrice d'adjacence est :

	A	B	C	D	E
A	0	1	0	1	0
B	0	0	0	1	0
C	0	0	0	0	0
D	0	0	1	0	1
E	0	1	0	0	0

Fig. 2.6 – Exemple de matrice d'adjacence.

Pour les graphes étiquetés

$$m_{ij} = \begin{cases} la\ valeur\ de\ l'étiquete\ ,s'il\ existe\ un\ arc\ entre\ le\ sommet\ i\ et\ le\ sommet\ j \\ 0\ ,sinon \end{cases}$$

On prend comme exemple le graphe de la figure 2.3, sa matrice d'adjacence est :

	A	B	C	D	E
A	0	2	0	3	0
B	0	0	0	-1	0
C	0	0	0	0	0
D	0	0	1	0	-4
E	0	1	0	0	0

Fig. 2.7 – Exemple de matrice d'adjacence d'un graphe étiqueté.

Comme résumé pour ce chapitre, un graphe est un ensemble de sommets liés par des arêtes (arcs), un graphe orienté est un graphe avec des arêtes dirigées et un graphe étiqueté est un graphe où les arêtes (arcs) ont des valeurs. En plus de ça, on a vu la notion de chemin et de cycle orienté et en fin on a vu la matrice d'adjacence qui est une autre représentation du graphe (il faut noter que toutes les opérations formelles sur les graphes sont basées sur la matrice d'adjacence).

Chapitre III : L'algèbre causale

Parmi les avantages des cartes cognitives (cartes causales) c'est qu'elles sont fondées sur une base mathématique, ce qui rend leurs résultats plus fiables et plus fidèles. Dans ce chapitre on va présenter l'algèbre utilisée par les cartes cognitives (dite l'algèbre causale), où on va voir :

> Les éléments de l'algèbre.
> Les Opérations causales.

III.1 : Les relations causales (Les éléments de l'algèbre)

Dans l'algèbre causale, il existe trois types de relations causales fondamentales : $\{+,-,0\}$. Par une combinaison logique de ces trois relations, on obtient huit relations qui constituent un ensemble complet de relations causales :

$A = \{+,- ,0,Nn,Np,Nz, ?,C\}$, ce tableau explique bien ces relations :

Le signe	Le nom de relation causale	L'Ensemble
+	Positive	$\{+\}$
-	Négative	$\{-\}$
0	Nulle	$\{0\}$
Nn	Non négative	$\{0,+\}$
Np	Non positive	$\{0,-\}$
Nz	Non zéro	$\{-,+\}$
?	Indéterminée	$\{-,0,+\}$
C	Conflit (ambivalent)	Ø ensemble vide

Tab. 3.1 – Les relations causales.

III.2 : Les Opérations causales

2.1 : L'intersection (notée ∩)

Comme l'intersection ensembliste. Et à base de cette opération on peut avoir ce tableau :

∩	+	-	0	Nz	Np	Nn	?	c
+	+	C	c	+	C	+	+	c
-	c	-	c	-	-	c	-	c
0	c	C	0	c	0	0	0	c
Nz	+	-	c	Nz	-	+	Nz	c
Np	c	-	0	-	Np	0	Np	c
Nn	+	C	0	+	0	Nn	Nn	c
?	+	-	0	Nz	Np	Nn	?	c
C	c	C	c	c	C	c	c	c

Tab. 3.2 – L'opération d'intersection.

2.2 : L'union (notée U)

Comme l'union ensembliste. Et à base de cette opération on peut avoir ce tableau :

U	+	-	0	Nz	Np	Nn	?	c
+	+	Nz	Nn	Nz	?	Nn	?	+
-	Nz	-	Np	Nz	Np	?	?	-
0	Nn	Np	0	?	Np	Nn	?	0
Nz	Nz	Nz	?	Nz	?	?	?	Nz
Np	?	Np	Np	?	Np	?	?	Np
Nn	Nn	?	Nn	?	?	Nn	?	Nn
?	?	?	?	?	?	?	?	?
C	+	-	0	Nz	Np	Nn	?	c

Tab. 3.3 – L'opération d'union.

2.3 : L'addition (notée ♀)

Voici les règles pour l'addition :

$\forall\, x, y \in A$ (*l'ensemble des relations causales*)

1. $0 \mathbin{♀} x = x$
2. $c \mathbin{♀} x = c$
3. $x \mathbin{♀} x = x$
4. $+ \mathbin{♀} - = ?$
5. ♀ est distributive par rapport à l'union
6. $x \mathbin{♀} y = y \mathbin{♀} x$ (♀ est commutative)

À base de cette opération, on peut avoir ce tableau :

♀	+	-	0	Nz	Np	Nn	?	c
+	+	?	+	?	?	+	?	c
?	?	-	-	?	-	?	?	c
0	+	-	0	Nz	Np	Nn	?	c
Nz	?	?	Nz	Nz	?	?	?	c
Np	?	-	Np	?	Np	?	?	c
Nn	+	?	Nn	?	?	Nn	?	c
?	?	?	?	?	?	?	?	c
c	C	C	c	c	C	c	c	c

Tab. 3.4 – L'opération d'addition.

2.4 : La multiplication (notée μ)

Voici les règles pour la multiplication :

$\forall\, x, y \in A$ (*l'ensemble des relations causales*)

1. $+ \mu\ x = x$

2. $0\ \mu\ x = 0$, si $x \neq c$

3. $c\ \mu\ x = c$

4. $-\ \mu\ - = +$

5. μ est distributive par rapport à l'union

6. $x\ \mu\ y = y\ \mu\ x$ (μ est commutative)

À base de cette opération, on peut avoir ce tableau :

μ	$+$	$-$	0	Nz	Np	Nn	$?$	c
$+$	$+$	$-$	0	Nz	Np	Nn	$?$	c
$-$	$-$	$+$	0	Nz	Nn	Np	$?$	c
0	0	0	0	0	0	0	0	c
Nz	Nz	Nz	0	Nz	$?$	$?$	$?$	c
Np	Np	Nn	0	$?$	Nn	Np	$?$	c
Nn	Nn	Np	0	$?$	Np	Nn	$?$	c
$?$	$?$	$?$	0	$?$	$?$	$?$	$?$	c
c	C	C	c	c	c	c	c	c

Tab. 3.5 – L'opération de multiplication.

Dans ce chapitre, on a détaillé la base mathématique des cartes cognitives (cartes causales), où on a vu toutes les relations causales et les opérations causales applicables aux cartes cognitives.

Chapitre IV : Les cartes cognitives

Dans ce chapitre, on va détailler le concept de carte cognitive (carte causale) et on va expliquer sa relation avec les trois chapitres précédents. Ce chapitre sera articulé sur les points suivants :

- ➤ Historique (concernant l'évolution des cartes cognitives).
- ➤ Définitions (pour les cartes cognitives).
- ➤ Les Eléments d'une carte cognitive.
- ➤ La notion d'effet indirect et effet total.
- ➤ Construction et exploitation de la carte cognitive.

IV.1 : Historique

En 1948, Edward Tolman a introduit le concept « Carte Cognitive » dans son papier intitulé « Cognitive maps in mice an men ». Dans son article, il a décrit des expériences faites avec des rats, lesquels sont formés pour suivre un sentier complexes afin d'arriver à une boite remplie de nourriture. Dans ce contexte l'expression « carte cognitive » est utilisée pour définir la représentation mentale qu'un individu fait de l'environnement spatial, dans lequel il se trouve.

En 1976, Robert Axelrod a décrit les « Cartes cognitives » comme des graphes, reflétant un modèle mental en vue de prédire, comprendre et améliorer les décisions des gens dans le domaine politico-économique.

En 1986, Kosko a étendu les graphes d'Axelrod au « floue », de manière à ce qu'elles deviennent « Les cartes cognitives floues » (Fuzzy Cognitive Maps, FCMs).

En 1988, Styblinsky et Meyer ont utilisé les FCMs pour l'analyse des circuits électriques.

En 1994, Dickerson et Kosko ont proposé l'utilisation des FCMs afin d'obtenir une modélisation globale d'un monde virtuel.

En 1999, Styblios et Groupos ont introduit l'utilisation des FCMs comme modèle de supervision dans des systèmes complexes.

Enfin, en 2003, W.B.Vasantha Kandasmy et Florentin Smarandache ont introduit dans leur livre « Fuzzy cognitive maps and neutrosofic cognitive maps », la notion des cartes cognitives neutrosophique, qu'est une généralisation des FCMs, où ils ont introduit la relation d'indéterminisme « ? » à l'ensemble de relations causales utilisées par les cartes cognitives qui est {+,0,-}, c'est-à-dire l'ensemble de relations causales utilisée par les cartes cognitives neutrosophiques est {+,0,-, ?}.

IV.2 : Définitions

2.1 : Carte cognitive simple

Selon Axelrod, une carte cognitive est un modèle mathématique reflétant un système de croyances d'une personne. En d'autres mots, une carte cognitive est une manière de représentation des assertions causales d'une personne sur un domaine limité.

Graphiquement, une carte cognitive est un graphe orienté étiqueté et cyclique où :

- Les nœuds représentent les concepts (variables) du domaine.
- Les arcs représentent les liens de causalité entre les concepts.
- Chaque arc prend une valeur parmi {-,+,0}.

Voir la figure 4.1.

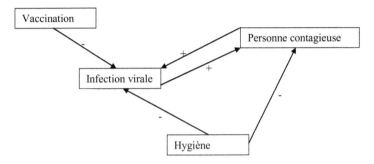

Fig. 4.1 – Exemple d'une carte cognitive.

Remarque : on utilise souvent le terme « carte cognitive » au lieu « carte cognitive simple ».

2.2 : Carte cognitive floue

Les cartes cognitives floues sont des cartes cognitives simples, dont les étiquètes sont des valeurs qui appartiennent à l'intervalle [-1,1]. En d'autres mots, les cartes cognitives floues mesurent l'intensité d'influence entre les concepts. Voir la figure 4.2.

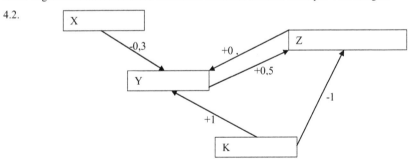

Fig. 4.2 – Exemple d'une carte cognitive floue.

2.3 : Carte cognitive neutrosophique

Les cartes cognitives neutrosophiques simple sont des cartes cognitives simples dont la relation causale d'indéterminisme a lieu. Voir la figure 4.3

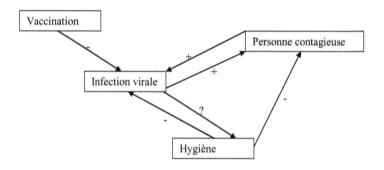

Fig. 4.3 – Exemple d'une carte cognitive neutrosophique simple.

Les cartes cognitives neutrosophiques floues sont des cartes cognitives floues dont la relation causale d'indéterminisme a lieu. Voir la figure 4.4

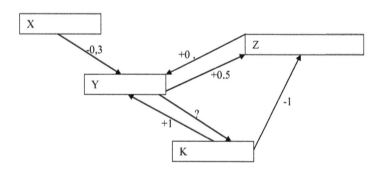

Fig. 4.3 – Exemple d'une carte cognitive neutrosophique floue.

Remarque : on utilise souvent le terme « carte cognitive neutrosophique » au lieu « carte cognitive neutrosophique simple ».

IV. 3 : Les Eléments d'une carte cognitive

La carte cognitive est composée de deux éléments de base : « les concepts » et « les liens causaux ».

3.1 : Les concepts : Les concepts représentent les variables du domaine traité. Ils peuvent modéliser des actions, des valeurs, des objectifs, ou même des processus. La chose la plus importante est qu'ils peuvent prendre plus d'une valeur. Par exemple si on prend l'exemple de la figure 4.1, les concepts sont : {« Infection virale », « Vaccination », « Personne contagieuse », « Hygiène »} ; si on prend « Infection virale », ce concept prend beaucoup de valeurs : petite, moyenne, grande.

On a deux types de concepts : « Concept-cause » et « Concept-effet ». Le concept qui affecte d'autres concepts est dit « Concept-cause », et celui qui est affecté par d'autre concept est dit « Concept-effet ». Si on prend notre exemple on voit que le concept « Vaccination » est un concept-cause et le concept-effet est « Infection virale ».Chaque concept peut être un concept-cause et concept-effet au même temps, comme « Infection virale ».

3.2 : Les liens causaux (Les assertions causales): un lien causal est la relation de causalité entre un seul concept-cause et un seul concept-effet. Par exemple le lien de causalité qui existe entre « Vaccination » et « Infection virale » est « -», ceci est interprété par « si on a une augmentation de vaccination on aura une diminution d'infection virale ».

IV.4 : La notion d'effet indirect et effet total

4.1 : Effet indirect

Dans un chemin, on appelle « relation causale indirecte» la relation qui existe entre le premier et le dernier concept (nœud) du chemin. Par exemple dans la carte cognitive de la figure 4.1, on a ce chemin : « Vaccination », « Infection virale », « Personne contagieuse », l'effet indirect dans cet exemple est l'effet de « Vaccination » sur « Personne contagieuse ».

Remarque : le nombre de concept dans un chemin doit être au minimum supérieur ou égal à 3 (≥ 3), sinon on dans le cas de l'effet direct (cas de 2 concepts).

4.2 : Effet total

L'effet total du concept A sur le concept B est la somme des effets indirects de tous les chemins qui vont de A vers B.

IV.5 : Les cartes cognitives et l'algèbre causale

5.1 : Pourquoi utilise-t-on l'algèbre causale ?

Sigismund a donné des arguments pour répondre à cette question :

1) Les assertions causales contiennent le meilleur moyen pour comprendre la façon dont le monde est organisé.
2) La causalité constitue la première idée pour attribuer une explication à des événements.
3) Faire choisir parmi plusieurs alternatives d'actions implique une évaluation causale.

5.2 : Critère d'établir un lien de causalité

On a quatre critères qui nous permettent d'établir une relation causale entre deux concepts. D'après le principe de causalité, le concept X est une cause au concept Y si :

1) X et Y sont 2 événements différents.
2) Si X se produit alors Y se produit.
3) Dans des circonstances où X ne se produit pas, Y ne doit pas se produire.
4) X est du point de vue de causalité antérieur à Y.

5.3 : Les opérations causales et les cartes cognitives

Il faut savoir que les opérations causales sont utilisées dans deux différents contextes :

5.3.1 : Opérations entre deux cartes cognitives

Les opérations utilisées dans ce contexte sont : l'intersection et l'union.

1) L'intersection (∩): Cette opération est utilisée dans des situations où il existe plus d'une carte cognitive pour le même auteur sur un domaine particulier, et qu'il est désirable d'avoir une seule carte.
   Ce cas est essentiellement utilisé pour réviser la cohérence des assertions d'un auteur sur un domaine précis, et comme conséquence, toutes les assertions qui contredisent vont être identifiées par le signe de conflit « C ».

2) L'union (U): cette opération est utilisée lorsqu'il est nécessaire de rassembler l'information de plusieurs cartes

cognitives dans une seule, que sont faites par différent auteurs sur le même domaine.

Il existe une condition importante à respecter : il faut avoir au moins une relation causale en commun (indépendamment du signe) afin d'établir le lien entre les deux carte cognitives.

5.3.2 : Opérations à l'intérieur d'une carte cognitive

Les opérations utilisées dans ce contexte sont : la multiplication et l'addition.

1) La multiplication (μ) : Cette opération est utilisée pour calculer l'effet indirect. Par exemple l'effet indirect de « Vaccination » sur « Personne contagieuse » est « - μ + = - », donc « une augmentation de vaccination conduit a une diminution de personne contagieuse »

2) L'addition ($\female$): Cette opération est utilisée pour calculer l'effet total.

IV.6 : Construction et exploitation d'une carte cognitive

Pour arriver à construire une carte cognitive, puis l'exploiter, Rod Tabber a défini cinq phases :

1) La sélection de la source d'informations.
2) L'acquisition de la carte cognitive.
3) La conversion de la carte en forme de matrice.
4) L'inférence.
5) La construction de la base de connaissance globale.

6.1 : La sélection de la source d'informations

Axelrod a proposé deux méthodes pour la phase suivante « L'acquisition de la carte cognitive » :

a) Dériver une carte à partir d'un document.

b) Dériver une carte à l'aide d'un groupe d'experts (par questionnaire).

Donc on a deux sources d'information : les documents et les experts.

Selon Axelrod, la dérivation d'une carte cognitive à partir d'un document est une méthode couteuse en terme de temps puisqu'elle exige la codification d'un texte donné, phrase par phrase et elle nécessite un codeur assez compétant. Donc dans cette méthode, le principal déterminant est la longueur du document. Il semble jusqu'à maintenant, qu'il n'y a pas une manière pour automatiser la codification. Travaillant à la main, la vitesse typique de codification est dans l'intervalle de deux à quatre heures par mille mots, bien entendu que le tout dépend de la compétence du codeur et de l'intensité d'assertions causales dans le texte. Il faut en plus une heure ou deux par mille mots pour des activités complémentaires, comme vérifier la sureté entre les codeurs et construire une carte finale ; en résumé on a besoin de trois à six heures de travail par mille mots. Avant de se lancer dans la création d'une carte cognitive à partir d'un document sur un certain domaine, il est préférable de vérifier si on a bien choisi le bon document, c'est-à-dire, si le document contient des idées claires ; afin d'atteindre ce but on a quatre exigences que le document devrait vérifier :

1) Le document doit contenir suffisamment d'assertions causales, pour fournir du matériel à analyser.

2) Le document doit avoir de l'information suffisante sur le domaine de manière à ce que le codeur puisse comprendre la signification des mots.

3) Le document doit être complet, c'est-à-dire, il contient toutes les informations nécessaires et pertinentes sur le domaine.

4) Le document doit être une représentation fiable de la réalité.

Pour la méthode utilisant des questionnaires, c'est le temps des répondants (experts) qui est le facteur majeur. Le nombre de question autour les liens causaux est 2^n-n, où n représente le nombre de concepts. Utiliser un panneau d'experts pour créer une carte cognitive est un bon choix. Dans ce cas, la carte cognitive est généralement plus précise qu'une carte construite avec l'opinion d'un seul expert.

6.2 : L'acquisition de la carte cognitive

6.2.1 : L'acquisition à partir d'un document

Une fois le bon document est choisi, il faut suivre les étapes de ce processus :

Etape1 : Produire deux listes, une pour les concepts et autre pour les assertions causales, où ces deux listes sont extraites à partir du document et reflètent les concepts et les relations de cause à effet.

Remarque : il n'est pas nécessaire de conserver le mot original qu'il était dans le texte, c'est-à-dire, les noms de concepts peuvent être similaires mais pas forcément identique.

Etape2 : Placer les concepts pour construire la carte.

Etape3 : Relier les concepts par les relations causales.

6.2.2 : L'acquisition à l'aide d'un groupe d'experts

Pour commencer à construire la carte cognitive il faut suivre ces étapes :

Etape1 : Identifier les concepts pertinents, où on peut demander aux experts d'écrire une liste de tous les concepts pertinents pour le domaine à analyser.

Etape2 : Limiter le nombre de concepts en évaluant leur importance.

Etape3 : Choisir les arcs et ses poids (les relations causales).

Cette étape se fait comme suit :

1) Distribuer des questionnaires au panneau d'expert avec toutes les combinaisons possibles des concepts précédemment sélectionnés.
2) Les experts doivent assigner un signe parmi $\{-,0,+\}$ pour chaque paire de concepts différents.
3) Rassembler les cartes de chaque expert et les intégrer dans une seule carte cognitive.

Etape4 : Retourner la carte résultante aux experts pour des discussion et modifications. Les désaccords devraient être identifiés et analysés. La carte est généralement modifiée plusieurs fois avant que les experts soient satisfaits du résultat final.

6.3 : La conversion de la carte en forme de matrice

A vrai dire, la forme graphique de la carte cognitive sert seulement à faciliter sa conception et sa compréhension. Pour exploiter la carte cognitive il faut la transformer sous une forme matricielle, où tous les mécanismes d'inférence se basent sur la représentation matricielle. Donc avant de passer à la phase suivante « Inférence », il faut extraire la matrice d'adjacence de la carte cognitive.

6.4 : L'inférence

Selon Larousse 2008, inférence est une opération intellectuelle par laquelle on passe d'une vérité à une autre vérité. Une caractéristique importante des cartes cognitives réside dans le fait qu'on peut faire des inférences et voir comment tel ou tel concept influence sur tel ou tel autre concept.

L'inférence causale donne des réponses aux questions de type « qu'arrivera-t-il si ». Pour pouvoir obtenir la réponse à cette question, il faut suivre cet algorithme : supposons qu'on a une carte cognitive de n concepts

1. Extraire la matrice d'adjacence Adj.
2. Préparer le vecteur exciteur E_1.
   a. Initialiser le vecteur exciteur à zéro (0).
   b. Chaque valeur i représente l'état de concept i.
   c. Mettre à + les concepts voulus. C'est-à-dire les concepts qu'on veut voir qu'arrivera-t-il s'ils sont activés.
   d. Ajouter E_1 à la mémoire de travail MT (cette mémoire contient tous les vecteurs-résultants du processus d'inférence).
3. Faire le produit matriciel $E_{i+1}= E_i$ Adj /i=1,2…
4. Si E_{i+1} appartient à la mémoire de travail alors on a obtenu un comportement typique.

Sinon

   a. Remettre à + les concepts voulus du départ pour le vecteur E_{i+1}.
   b. Mettre à 0 les valeurs négatives pour le vecteur E_{i+1}.
   c. Ajouter E_{i+1} à la mémoire de travail.
   d. Incrémenter i et aller à 3

En résume le processus est comme suit $E_{i+1} = F[E_i \times Adj]$ /i=1,2,..,Imax .où F est la fonction de seuil (la fonction de seuil est représentée par les deux premier point après le « sinon » dans le l'algorithme ci-dessus).

Soit on laisse l'algorithme se stabilise à soi-même ou on le fixe par un nombre d'itérations maximal Imax.

Cet algorithme donne comme sortie un vecteur-résultant de dimension 1xn qui contient la liste des réponses. Chaque élément i de ce vecteur qui est différent à 0 indique que le concept i va avoir une augmentation si les concepts voulus du départ ont une augmentation et vice-versa.

On prend comme exemple, la carte cognitive de la figure 4.1, si on veut connaitre « qu'arrivera-t-il si l'infection virale est activée », on fait l'inférence comme suit :

Vecteur stimulant (exciteur) E1 = (0,+,0,0)

E1 x Adj = (0,0,0,+)-->Fonction de seuil-->(0,+,0,+) = E2

E2 x Adj = (0,+,0,+)-->Fonction de seuil-->(0,+,0,+) = E3 = E2

Et l'interprétation sera comme suit : si le concept « Infection virale » est activé, alors le concept « Personne contagieuse » aura une augmentation.

Remarque : il y a une autre alternative pour ce qui concerne la fonction de seuil, où Tabber et Peurish donnent « – » pour toutes valeurs négatives. Dans ce cas on va trouver aussi les concepts dont vont avoir une diminution si les concepts sélectionnés au départ ont une augmentation.

6.5 : La construction de la base de connaissance globale

Enfin, on peut construire notre base de connaissance globale par l'inférence sur tous les scénarios possibles, c'est-à-dire, voir qu'arrivera-t-il si n'importe quelle combinaison possible de concepts est activée.

A la fin de ce chapitre, on peut supposer qu'on a compris les cartes cognitives : ses types (simple, floue et neutrosophique) et ses éléments de base (concepts et liens causaux). Aussi on a vu la notion d'effet indirect et effet total (deux notions très importantes pour le processus d'inférence) et la relation des cartes cognitives avec les trois chapitres précédents, et en fin on a vu comment construire et exploiter une carte cognitive afin de nous aider dans la prise de décision.

Chapitre V : L'implémentation

Ce chapitre est consacré totalement à l'implémentation, et plus précisément comment utiliser l'outil informatique réalisé (Editeur Des Cartes Cognitives) où on va voir :

> ➤ Le but derrière l'implémentation.
> ➤ L'environnement de développement.
> ➤ L'architecture du logiciel
> ➤ Explication de fonctionnalité de logiciel.

V.1 : Le but

Développement d'un outil graphique permettant de mettre en œuvre les techniques de construction et de manipulation des cartes cognitives.

V.2 : L'environnement de développement

On a utilisé Microsoft Visual C++ (souvent appelé MSVC) qui est un environnement de développement intégré (IDE) ; conçu par Microsoft pour le langage de programmation C++, Afin de développer et déboguer des codes en C++.

La version utilisée est Microsoft Visual C++ 2008 professionnel service pack 1. Et avant de commencer à expliquer comment utiliser le logiciel, il est nécessaire de connaitre un petit peu la technique des Rubans qu'est utilisée dans la programmation du logiciel.

Selon le site de MSDN (Microsoft Developement Network) qui représente la documentation officielle de Microsoft Visual Studio (Microsoft Visual Studio contient plusieurs IDE, entre autre MSVC et Visual Basic ...), la version 2007 de Microsoft Office system a introduit une nouvelle fonctionnalité d'interface utilisateur appelée le « ruban ». Le ruban est une façon d'organiser les commandes associées (sous forme de contrôles, par exemple un bouton est un contrôle) afin de les retrouver plus facilement. Les contrôles sont organisés en groupes le long d'une bande horizontale dans la partie supérieure d'une fenêtre d'application. Les groupes associés sont organisés dans des onglets, tels que les onglets par défaut Mise en page et Insertion, qui aident les utilisateurs à exécuter des tâches. La plupart des fonctionnalités accessibles via les menus et les barres d'outils dans les versions précédentes de Microsoft Office System sont maintenant accessibles à l'aide du ruban. L'image 5.1 illustre bien ces notions où ce ruban contient 4 onglets (tab ou catégorie) et le premier onglet contient 2 groupes (panneaux) où chaque groupe contient des boutons.

Img – 5.1 : Exemple d'un Ruban.

V.3 : L'architecture du logiciel

Notre éditeur de cartes cognitives est structuré comme suit :

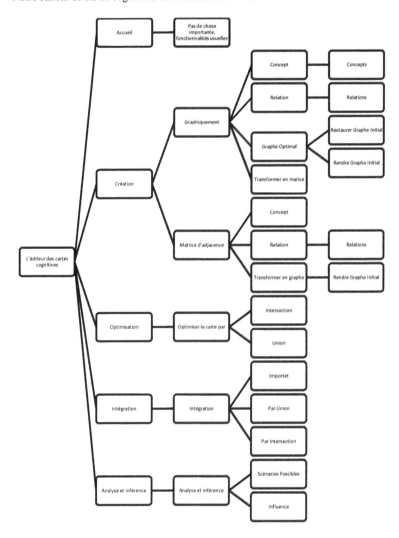

V.4 : Explication de fonctionnalités du logiciel

- Le 1er niveau de l'hiérarchie représente le nom de logiciel «Editeur Des Cartes Cognitives ». l'image 5.2 est une prise d'écran pour le logiciel.

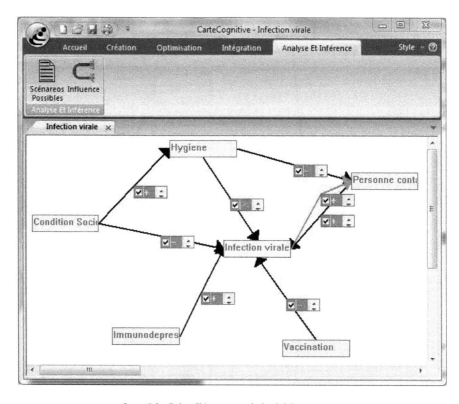

Img. 5.2 - Prise d'écran pour le logiciel.

Le 2eme niveau représente les catégories (onglets) de fonctionnalités :

1. Accueil : contient des fonctionnalités ordinaires.

2. Création : contient les fonctionnalités qui permettent de créer une carte cognitive.

3. Optimisation : contient deux fonctionnalités pour manipuler les relations entre deux concepts.

4. Intégration : contient des fonctionnalités pour intégrer plusieurs cartes en une seule.

5. Analyse et inférence : offre des fonctionnalités qui servent à extraire des connaissances que aident à la prise de décision.

L'image 5.3 illustre ces catégories :

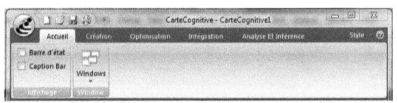

Img. 5.3 – Prise d'écran pour les catégories de fonctionnalités.

Le 3eme niveau représente les sous-catégories (panneaux) de fonctionnalités :

1. Accueil

   a) Pas de chose importante, fonctionnalités usuelles. Comme illustre l'image 5.3.

2. Création

   a) Graphiquement : donne la main pour créer la carte cognitive de manière graphique, c'est-à-dire, dessiner des concepts et des relations.

   b) Matrice d'adjacence : donne la main pour créer la carte cognitive à travers sa matrice d'adjacence.

   Voir l'image 5.5 :

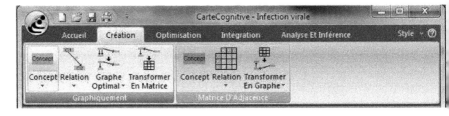

Img. 5.5 – Prise d'écran pour la catégorie « Création ».

3. Optimisation

    a) Optimiser La carte Par : contient deux fonctionnalités pour manipuler les relations qu'existent entre les concepts de la carte. Voir l'image 5.6 :

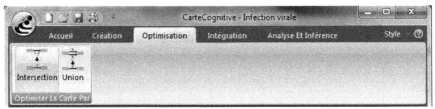

Img. 5.6 – Prise d'écran pour la catégorie « Optimisation ».

4. Intégration

    a) Intégration : contient des fonctionnalités pour intégrer plusieurs cartes en une seule. Voir l'image 5.7 :

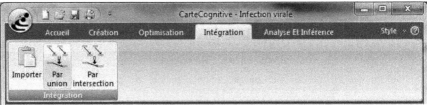

Img. 5.7 – Prise d'écran pour la catégorie « Intégration».

5. Analyse et inférence

    a) Analyse et inférence : offre des fonctionnalités qui servent à extraire des connaissances que aident à la prise de décision.

    Voir l'image 5.8 :

Img. 5.8 – Prise d'écran pour la catégorie « Analyse Et Inférence».

Le 4eme et le 5eme niveau représente les fonctions de chaque catégorie de fonctionnalité :

1. Accueil

    a) Pas de chose importante, fonctionnalités usuelles.

2. Création

    a) Graphiquement

        I.   Concept : Cliquez sur ce bouton, puis cliquez sur n'import quel endroit pour dessiner le concept sur cet endroit, pour créer un autre concept il faut cliquer de nouveau sur le bouton

            i.   Concepts : Vous pouvez créer plusieurs concepts avec un seul click sur le bouton mais après la création des concepts il faut cliquer sur le bouton ou appuyer sur « échappe » pour arrêter la création.

II. Relation : Cliquez sur ce bouton pour créer une relation entre deux concepts, après le click sur le bouton, cliquez sur le 1er concept puis cliquez sur le 2eme afin d'établir une relation entre les deux, pour créer une autre relation il faut cliquer de nouveau sur le bouton.

  i. Relations : Vous pouvez créer plusieurs relations avec un seul click sur le bouton mais après la création des relations il faut cliquer sur le bouton ou appuyer sur « échappe » ou même double click sur le vide pour arrêter la création.

III. Graphe Optimal : Cliquez sur ce bouton pour avoir le graphe optimal de la carte cognitive, en d'autres mots, avoir une carte dont entre chaque 2 concepts n'existe plus d'une relation avec une seule valeur.

  i. Restaurer Graphe Initial : Si vous voulez récupérer la carte initiale (après qu'elle est optimisée par le bouton « Graphe Optimal »), cliquez sur ce bouton.

  ii. Rendre Graphe Initial : Vous ne pouvez pas déplacer les concepts d'un graphe optimal jusqu'à vous cliquez sur ce bouton pour écraser le graphe initial par celui-ci.

IV. Transformer En Matrice : Ce bouton vous permet d'obtenir la matrice d'adjacence d'une carte cognitive, ou même avoir la capacité de créer la carte en saisissant la matrice d'adjacence.

b) Matrice d'adjacence

    I.   Concept : Ce bouton permet d'ajouter un concept à la matrice d'adjacence.

    II.   Relation : Cliquez sur ce bouton, puis cliquez sur n'import quelle cellule dans la matrice pour ajouter une relation, pour créer une autre relation il faut cliquer de nouveau sur le bouton.

        i.   Relations : Vous pouvez créer plusieurs relations avec un seul click sur le bouton mais après la création des relations il faut cliquer sur le bouton ou appuyer sur « échappe » pour arrêter la création.

    III.   Transformer En Graphe : Ce bouton vous permet d'obtenir le graphe optimal d'une carte cognitive, mais vous ne pouvez pas déplacer les concepts jusqu'à vous cliquez sur le bouton « Rendre Graphe Initial » du panneau « Graphiquement ».

        i.   Rendre Graphe Initial : Cliquez sur ce bouton pour écraser le graphe initial s'il y a par celui de la matrice.

3. Optimisation

    a) Optimiser La carte Par

        I.   Intersection : Cliquez sur ce bouton pour faire l'intersection des valeurs de chaque relation.

        II.   Union : Cliquez sur ce bouton pour faire l'union de toutes les relations qui existent entre chaque paire de concepts.

4. Intégration

    a) Intégration

I. Importer : Ce bouton vous permet d'importer les fichiers des cartes cognitives susceptibles d'être intégrées.

II. Par Union : Cliquez sur ce bouton pour faire l'union de toutes les cartes qui existent dans les onglets et produire une qui rassemble le tout.

III. Par Intersection : Cliquez sur ce bouton pour faire l'intersection de toutes les cartes qui existent dans les onglets et produire une qui rassemble le tout.

5. Analyse et inférence
   a) Analyse et inférence
      I. Scénarios Possibles : Ce bouton vous donne la possibilité d'avoir tous les scénarios possibles sous forme textuelle. Après un click sur ce bouton, vous aurez une fenêtre comme l'image 5.9 :

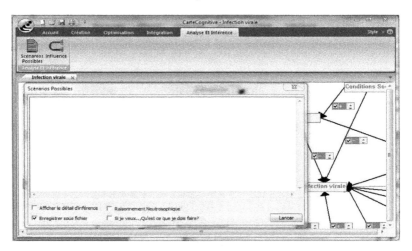

Img.5.9 - Prise d'écran pour la fenêtre « Scénarios Possibles ».

Comme vous remarquez, vous avez quatre choix à sélectionner avant d'appuyer sur le bouton « Lancer » qui vous permet de lancer le processus d'inférence sur tous les scénarios possibles :

i. Afficher le détail d'inférence : si vous cochez ce choix, vous aurez avec le résultat des détails concernant le mécanisme de calcul (les étapes de la phase d'inférence pas à pas).

ii. Raisonnement neutrosophique : Ce choix vous permet d'inférer sur une carte cognitive neutrosophique.

iii. Enregistrer sous fichier : Il est fortement recommandé de choisir ce choix où il va enregistrer le résultat sous forme de fichiers numéroté de taille maximale de 10Mo (dans le cas contraire le logiciel vas enregistrer le résultat dans la RAM pour l'afficher dans la boite de texte ce qui consomme énormément d'espace RAM surtout si le nombre de concept est élevé et le tout dépend de la capacité d'ordinateur).

iv. Si je veux.., Qu'est ce que je dois faire ? : cette option sera discutée dans le dernier chapitre « Chapitre VII : Conclusion, critiques et proposition de solutions», car elle est de notre invention et nécessite une explication.

A la fin de cette opération qui peut durer quelques minutes à quelques heures (tout dépend de la taille de la carte cognitive et aussi à la capacité d'ordinateur) vous aurez soit un ensemble de fichiers soit un texte dans la boite de texte qui contient tous les cas possibles et les réponses à leur question « qu'arrivera-t-il s'ils ont lieu ? »

II. Influence : Ce bouton vous donne la réponse à la question « qu'arrivera-t-il si ?». Après un click sur ce bouton, vous aurez une fenêtre comme l'image 5.10 :

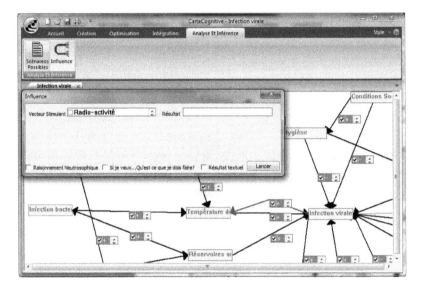

Img.5.10 - Prise d'écran pour la fenêtre « Influence ».

Dans cette fenêtre, vous pouvez sélectionner les concepts que vous voulez, puis appuyez sur le bouton « Lancer » pour voir qu'arrivera-t-il s'ils sont activés.

Pour sélectionner un concept, défiler la liste jusqu'à ce concept puis le cocher, et aussi, par un double click sur la liste, cette dernière sera élargie.

Si vous avez une carte cognitive neutrosophique, cocher le choix «Raisonnement neutrosophique » avant d'appuyer sur le bouton « Lancer ».Aussi, vous pouvez voir le résultat sous forme de texte en cochant l'option « Résultat textuel ».

Ce chapitre nous a permis de présenter notre outil d'Edition Et D'Analyse Des Cartes Cognitives qui est indépendant du domaine de discours utilisé. On va voir dans le chapitre suivant une application issue du domaine médical ayant pour thème « L'infection virale ».

Chapitre VI : Application à l'infection virale

L'objectif du présent chapitre est d'appliquer la technique des cartes cognitives à un domaine réel qu'est « l'infection virale » afin de tester la fonctionnalité et l'efficacité de cet a méthode des cartes cognitives sur le terrain et pour illustrer les phases de construction d'une carte. On va voir dans ce chapitre :

> L'infection et l'infection virale.
> Construction et exploitation de la carte cognitive « Infection virale ».

VI.1 : L'infection et l'infection virale
Selon Larousse Médical

1.1 : Infectiologie

Ensemble de disciplines médicales consacrées à l'étude des maladies infectieuses.

L'infectiologie comprend l'épidémiologie (étude de la fréquence, de la répétition, du mode de contagion) des maladies infectieuses, les symptômes et l'évolution des infections, l'immunologie (étude des relations hôte-agent infectieux), la thérapeutique curative et préventive des infections, la pharmacologie des médicaments anti-infectieux et l'hygiène.

La découverte des vaccins, puis celle des antibiotiques, n'a pas réduit le champs d'action de l'infectiologie : l'amélioration des techniques de détection a permis la découverte de nouveaux agents infectieux (hépatite C) : de nombreuses bactéries sont devenues résistantes aux antibiotiques et de nombreux virus ont continué à se répandre en l'absence de vaccination ou, par défaut de celle-ci, en l'absence de traitement spécifique et, peut être, en raison d'un déséquilibre dû à la régression de certaines maladies bactériennes ; de nouvelles épidémies ont fait leur apparition, accompagnant les changement du mode de vie : modification des équilibres écologiques, multiplication des voyages intercontinentaux, relations avec les animaux de compagne, nouveaux matériaux pour les conduites d'adduction d'eau, climatisation, tampons hygiénique ; les infections nosocomiales (contractées à l'hôpital) et les traitement qui détruisent volontairement les défenses immunitaires (greffes d'organes, chimiothérapie et radiothérapie des cancers, corticothérapie prolongée), entrainant l'apparition d'infections opportunistes (causées par des germes ne s'attaquant qu'à des organismes aux défenses immunitaires affaiblies), ont largement étendu le domaine de l'infectiologie.

Le renouveau le plus actuel de cette discipline se manifeste par de nouvelles techniques comme la biologie moléculaire, qui permet une analyse approfondie de la structure des gènes des agents infectieux et la mise au point de médicaments immunorégulateurs ou de nouveaux vaccins, utilisant des molécules ou des virus recombinants. Le premier vaccin antiparasitaire (contre la bilharziose) sera sans doute mis au point dans un avenir proche.

1.2 : Infection

Invasion d'un organisme vivant par des micro-organismes pathogènes (bactérie, virus, champignons, parasites).

Lors d'une infection, les micro-organismes pathogènes agissent en se multipliant (virulence) et éventuellement en sécrétant des toxines. Une infection peut être locale ou généralisée, exogène (provoquée par des germes provenant de l'environnement) ou endogène (germe issu de la maladie lui-même).

1.2.1 : Causes

Une infection se développe lorsque les défenses naturelles de l'organisme ne peuvent l'en empêcher ; c'est le rapport entre la qualité des défenses immunitaires, plus ou moins compromises pendant un temps variable, et le pouvoir pathogène, plus ou moins marqué, du germe et de l'inoculum (nombre de germes infectants) qui déterminent l'apparition ou non de la maladie infectieuse.

Une infection opportuniste est une infection due à un micro-organisme ne provoquant pas de maladie chez le sujet bien portant mais devenant pathogène à la faveur d'une immunosuppression (altération des défenses immunitaires).

1.2.2 : Symptômes et signes

Une infection généralisée se traduit par une fièvre plus ou moins élevée, des frissons et une altération de l'état globale. Une infection locale engendre une inflammation de la région infectée, qui se traduit par une douleur, rougeur, un œdème, la formation des d'un abcès remplis de pus (infection à germes pyogènes), parfois une élévation de la température.

1.2.3 : Traitement et prévention

On allie un traitement spécifique (antibactérien, antiviral, etc.) contre le micro-organisme en cause et un traitement des symptômes (fièvre, douleurs) ; dans les formes graves, une réanimation en service hospitalier peut être nécessaire.

La prévention repose sur une bonne hygiène (concernant les bactéries, les champignons, etc.) et sur la vaccination contre certains micro-organismes (bactéries, virus).

VI.2 : Construction et exploitation de la carte cognitive « Infection virale »

On va suivre les phases de Tabber décrites précédemment :

1) La sélection de la source d'informations

Notre source est l'expert, où on a interrogé un médecin (le Docteur Merazga Abdelaziz : Médecin généraliste).

2) L'acquisition de la carte cognitive

Etape1 : Identifier les concepts pertinents

1. Radioactivité
2. Tabagisme
3. Condition Socio-économique
4. Sous-alimentation
5. Médicament immunosuppresseur
6. Trouble congénital de l'immunité
7. Produit chimique
8. Cancer
9. Hygiène
10. Immunodépression
11. Diabète
12. Infection bactérienne
13. Température du corps
14. Infection virale
15. Personne contagieuse
16. L'abatage des animaux suspects
17. Réservoirs animaux
18. L'industrie
19. Mondialisation
20. PH du milieu de virus
21. Vaccination
22. Existence d'ions positifs autour de la cellule
23. L'effet de serre

Etape2 : Limiter le nombre de concepts

On va garder le même nombre.

Etape3 : Choisir les arcs et ses poids

1. Radioactivité (+) Cancer
2. Tabagisme (+) Cancer

3. Produit chimique (+) Cancer

4. Cancer (+) Température du corps

5. Température du corps (+) Infection virale

6. Infection bactérienne (+) Température du corps

7. L'abatage des animaux suspects (-) Réservoirs animaux

8. Réservoirs animaux (+) Infection virale

9. Réservoirs animaux (+) Infection bactérienne

10. L'industrie (+) Produit chimique

11. L'industrie (+) L'effet de serre

12. Mondialisation (+) Infection virale

13. Hygiène (-) Tabagisme

14. Hygiène (-) Infection virale

15. Hygiène (-) Personne contagieuse

16. PH du milieu de virus (+) Infection virale

17. Vaccination (-) Infection virale

18. Existence d'ions positifs autour de la cellule (+) Infection virale

19. Infection virale (+) Température du corps

20. L'effet de serre (+) Infection virale

21. Infection virale (+) Personne contagieuse

22. Personne contagieuse (+) Infection virale

23. Condition Socio-économique (-) Infection virale

24. Condition Socio-économique (-) Sous-alimentation

25. Condition Socio-économique (+) Hygiène

26. Sous-alimentation (+) Immunodépression

27. Médicament immunosuppresseur (+) Immunodépression

28. Trouble congénital de l'immunité (+) Immunodépression

29. Diabète (+) Immunodépression

30. Immunodépression (+) Infection virale

Après ces étapes, on peut dessiner la carte cognitive. Utilisant le logiciel « Editeur des Cartes Cognitives » comme on a vu dans le chapitre précédent, on peut dessiner la carte comme l'image 6.1 illustre :

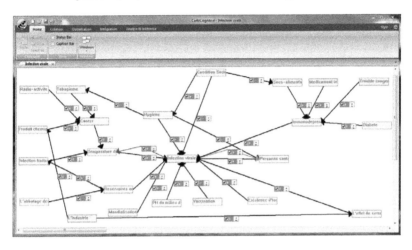

Img. 6.1 : La carte cognitive « Infection virale » crée par l'éditeur des cartes cognitives.

3) La conversion de la carte en forme de matrice

Tout simplement, on peut obtenir la matrice d'adjacence comme on a vu dans le chapitre précédent. L'image 6.2 représente la matrice associée, et parce que le nombre de concept est grand la page est insuffisante pour contenir toute la matrice.

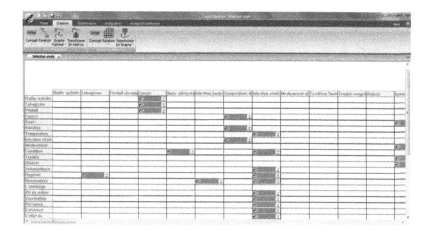

Img – 6.2 : La matrice d'adjacence associée à l'infection virale crée par le logiciel.

4) L'inférence

Tout simplement, allez à la catégorie « Analyse et inférence » puis cliquez sur le bouton « Influence » pour faire des inférences spécifiées sur la carte.

5) La construction de la base de connaissance globale.

Allez à la catégorie « Analyse et inférence » puis cliquez sur le bouton « Scénarios possibles» pour obtenir tout les cas d'influences possibles. Avec ce nombre de concepts (23 concepts) où on a 8388606 cas possibles (plus de 8 millions !!), et avec mon ordinateur (équipé d'un processeur Core2Duo 2GHz et d'une RAM de 2Go), j'ai obtenu le résultat (sous forme de fichiers) après une heure et 20 minutes (avec 804 fichiers et une taille totale de 7.84 Go) et quand j'ai essayé l'autre choix (Pour afficher le résultat dans la boite de texte), mon ordinateur a déclaré que la mémoire est insuffisante. Voici quelques prises d'écran durant le processus :

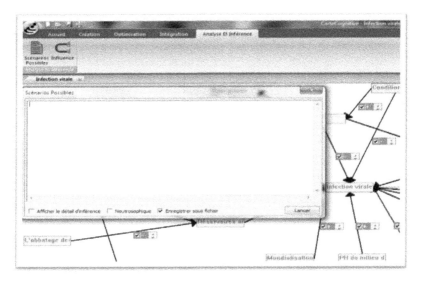

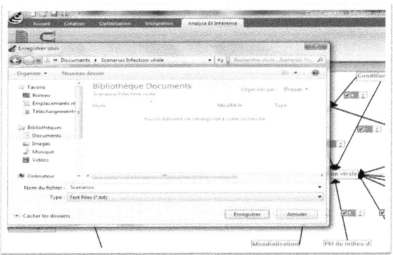

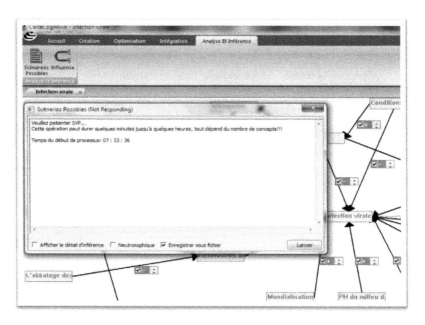

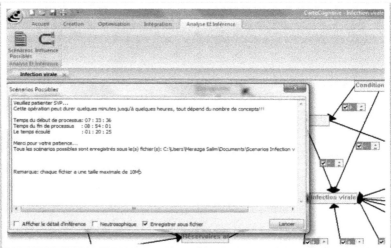

Ce chapitre a présenté une application pratique et réelle sur le relevant du domaine de l'infection virale.

Chapitre VII : Conclusion, critiques et proposition de solutions

Dans ce mémoire, on a étudié les cartes cognitives (causales) pour le but de réaliser un outil informatique et graphique, qui sera utilisé comme un outil d'aide à la prise de décision où il va nous permettre de représenter les connaissances d'un domaine précis de manière qualitative et d'inférer sur ces dernières afin d'obtenir d'autres informations qui seront utilisées pour aider le décideur à prendre les bonnes décisions. Dans ce dernier chapitre on va présenter les conclusions de notre étude, où on va exposer :

> ➤ Les avantages des cartes cognitives.
> ➤ Critiques.
> ➤ Proposition de solutions.
> ➤ Bibliographie.

VII.1 : Les avantages des cartes cognitives

D'après notre étude, on peut dire que les principaux avantages des cartes cognitives sont :

1. La facilité de construction

Les cartes cognitives sont faciles à construire et ne nécessitent pas l'intervention d'une personne (informaticien par exemple) autre que l'expert où ce dernier n'a pas à faire que de dessiner les concepts (variables du domaine) puis les relier par des relations de causalité, où pour les mots positifs (tel que favorise, encourage, augmente...) il pose le signe « + » ou « +1 » et pour les mot négatifs (tel que défavorise, réduit...) il pose le signe «-» ou « -1 ».

2. La fidélité et la fiabilité des résultats d'inférence

Les cartes cognitives reposent sur une base mathématique formelle dans leur processus d'inférence (l'algèbre causale), et ça rend leurs résultats plus précis et plus rigoureux.

3. Similarité au raisonnement humain

Le raisonnement causal qualitatif est utilisé fréquemment par les êtres humains, ce qui rend les cartes cognitives intuitives.

4. La capacité de représenter des systèmes complexes

Dans la vie, il ya des domaines complexes, c'est-à-dire, on 'a pas des informations suffisantes sur leurs variables et ses relations d'influences, où on n'a pas des valeurs exactes ou des fonctions formelles qui dirigent l'influence de tel concept sur tel concept, en d'autres mots, on n'a pas une représentation quantitative et pour ne pas rester sans faire quelque chose, les cartes cognitives interviennent par leur représentation qualitative.

VII.2 : Critiques

Dans cette section, on va exposer notre propre critique pour éclairer les insuffisances et les limites des cartes cognitives :

1. Les cartes cognitives sont dédiées pour représenter et raisonner qualitativement sur les systèmes, c'est-à-dire, on donne des valeurs qualitatives pour les relations d'influences (relation de causalité) ; mais si on a des valeurs quantitatives pour certaines relations pourquoi nous nous interdisons d'exploiter cette informations formelle (quantitative) où tout le monde sait que l'information quantitative est mieux que l'information qualitative parce que plus que l'information est précise et exacte, plus que les résultats sont fiables et fidèles.

2. On a trouvé des méthodes tel que le processus de Buede (Divergence-Convergence-Analyse) pour convertir la carte cognitive à un modèle quantitatif (diagramme d'influence), notre critique est : pourquoi on n'a pas un mécanisme qui nous permet de convertir la carte cognitive sans changer le modèle, en d'autres mots, convertir la carte cognitive qualitative à une carte cognitive quantitative.

3. On n'a vu que les cartes cognitives floues trouvent une solution pour le problème d'indéterminisme pendant le processus d'inférence et aussi offrent la possibilité d'avoir des valeurs dont représentent l'intensité d'influence, mais ces valeurs appartenant à l'intervalle [-1,1], où dans la vie on peut trouver des valeurs d'influences qui dépassent le 1 (100%).

4. Les cartes cognitives ne supportent pas les valeurs de causalités qui varient selon un paramètre quelconque (par exemple le temps), on prend cet exemple pour mieux comprendre ce point :

La carte ci-dessus représente l'influence des plantes sur l'oxygène (carte cognitive simple) ; mais combien les plantes augmentent la quantité d'oxygène, pour résoudre ce cas on passe au carte cognitive flou, supposons que l'intensité d'augmentation égale à X (on considère X ϵ [-1,1], qui est n'est pas le cas toujours où on peut avoir une augmentation qui dépasse le 100%) donc on obtient cette carte :

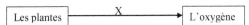

Maintenant, on a un autre problème ici ; on sait que les plantes dans la nuit consomment de l'oxygène et il est évident que les cartes cognitive sont incapables de modéliser ce cas, en d'autres mots, les cartes cognitives (simple, floue, neutrosophique) sont incapables de représenter les relations de causalités qui changent selon un paramètre quelconque (dans l'exemple précédent le paramètre est le temps où on a une augmentation pendant la journée « + » et une diminution pendant la nuit « - »).

5. On a remarqué que l'inférence sur les cartes cognitives consiste à trouver une réponse à cette question « qu'arrivera-t-il si ? », mais on a remarqué que le décideur veut aussi connaitre une réponse à une question comme « si je veux …, qu'est ce que je dois faire ? ». On prend comme exemple notre cas « L'infection

virale », on a remarqué que le décideur pose intuitivement cette question « je veux diminuer l'infection virale, qu'est ce que je dois faire ? ».

VII.3 : Proposition de solutions

Pour arriver à compléter les limites et les insuffisances des cartes cognitives décrites dans la section précédente (les quatre premiers points), on a développé un autre type des cartes cognitives qu'on a l'appelé « Carte Cognitive Fonctionnelle ». Dans cette section on va exposer cette technique :

1. Au lieu d'attribuer des valeurs aux liens causaux on va attribuer des fonctions que donnent des pourcentages.
2. On ajoute avec le nom de concept les paramètres dont lesquels dépend son influence et les fonctions d'influence.
3. Parce qu'il est évident que certain concepts vont partager les même paramètres (par exemple le temps), on propose de créer une banque de paramètres dont va contenir tous les paramètres qui entre dans le calcul d'influence.
4. L'influence constante sera représentée par une fonction constante.
5. Avant de faire l'inférence on fait une actualisation pour la banque des paramètres, c'est-à-dire, on fait une mise à jour pour les valeurs des paramètres, puis chaque fonction accède à la banque pour prendre les valeurs de ses paramètres afin de calculer l'influence.

L'exemple précédent des plantes et oxygène sera représenté par une carte cognitive fonctionnelle comme suit :

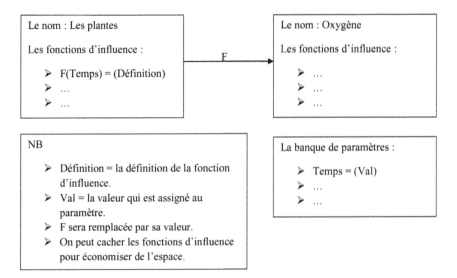

Qu'est qu'on a gagné ?

1. On a conserver le grand avantage de cartes cognitives qu'est l'aspect qualitatif où on peut associer des valeurs qualitatives par l'utilisation des fonctions constantes par exemple : les fonctions constantes P,N et Z représentent respectivement « + », « -» et « 0 ».

2. On a éliminé le besoin d'une méthode de conversion vers un modèle quantitatif, où on peut convertir la carte cognitive entièrement ou partiellement juste par la modification de la fonction d'influence.

3. On a gardé la propriété précieuse des cartes cognitives, qu'est « les cycles » parce qu'on n'a pas obligé de convertir la carte vers un modèle quantitatif.

4. On peut préciser la valeur d'influence de manière incrémentale, c'est-à-dire, on pose au début une fonction constante (valeur constante) puis on pose la fonction $F(x)$ puis $F(x,y)$ ..., en d'autres mots, dans le moment, où on a une nouvelle information (qui va préciser la valeur d'influence) est prête on peut l'ingérer sans toucher les autres concepts et relations.

Pour ce qui concerne l'effet indirect et l'effet total, ils sont similaires à ceux des cartes cognitives à l'exception que les valeurs ici sont des pourcentages.

On prend cette carte pour démontrer ça :

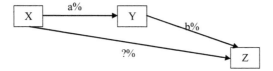

L'interprétation est comme suit :

Si j'ai 100% au niveau de X, j'aurai une augmentation (diminution) de a% au niveau de Y.

Si j'ai 100% au niveau de Y, j'aurai une augmentation (diminution) de b% au niveau de Z.

Alors $\begin{matrix} 100\% \ de \ Y \ \to b\% \ au \ niveau \ de \ Z \\ a\% \ de \ Y \quad \to ? \% \ au \ niveau \ de \ Z \end{matrix} \Big\rangle ? \% = \frac{a\% \ x \ b\%}{100\%}$

Remarque : on a divisé sur 100% parce qu'on a utilisé des pourcentages comme 50%, -15%..., et on va diviser sur 1 si on utilise des pourcentages comme 0,5, -0 ,15 ...

Ça pour l'effet indirect, et pour l'effet total, on fait la somme des pourcentages. Maintenant on peut faire l'inférence sur ces cartes cognitives (Cartes cognitives fonctionnelles).

Pour le 5eme point du critique, on a trouvé que pour répondre à la question « si je veux…, qu'est ce que je dois faire ? », il faut faire un seul changements au niveau de processus d'inférence où il faut faire le produit matricielle entre la matrice et le vecteur stimulant au lieu de le faire entre le vecteur et la matrice. L'algorithme sera comme suit :

1. Extraire la matrice d'adjacence Adj.
2. Préparer le vecteur exciteur E_1.
    a. Initialiser le vecteur exciteur à zéro (0).
    b. Chaque valeur i représente l'état de concept i.
    c. Mettre à + les concepts voulus. C'est-à-dire les concepts qu'on veut voir « qu'est ce qu'on doit faire si on veut les augmenter (diminuer) ? ».
    d. Ajouter E_1 à la mémoire de travail MT (cette mémoire contient tous les vecteurs-résultants du processus d'inférence).
3. Faire le produit matriciel E_{i+1}= Adj E_i /i=1,2…
4. Si E_{i+1} appartient à la mémoire de travail alors on a obtenu un comportement typique.

    Sinon

    a. Remettre à + les concepts voulus du départ pour le vecteur E_{i+1}.
    b. Mettre à 0 les valeurs négatives pour le vecteur E_{i+1}.
    c. Ajouter E_{i+1} à la mémoire de travail.
    d. Incrémenter i et aller à 3

On prend comme exemple la carte cognitive de la figure 4.1 du chapitre VI (page 22), si on veut une augmentation au niveau du concept « Infection virale », qu'est ce qu'on doit faire ?

Vecteur stimulant E1=(0,+,0,0)

Adj x E1 = (-,0,-,+)-->Fonction de seuil-->(0,+,0,+) = E2

Adj x E2 = (-,+,-,+)-->Fonction de seuil-->(0,+,0,+) = E3 = E2

Donc pour augmenter « l'infection virale », il faut augmenter «les personnes contagieuses » et vice versa, pour diminuer « l'infection virale », il faut diminuer «les personnes contagieuses ».

Maintenant, vous pouvez utilisez l'option « Si je veux.., Qu'est ce que je dois faire ? » située dans les fenêtres «Scénarios Possibles » et « Influence » du logiciel, afin d'obtenir ce genre de réponses qui sont complémentaires aux réponses de type « qu'arrivera-t-il si ?».

VII.4 : Bibliographie

Je dois remercier tous les écrivains, auteurs, chercheur et enseignants qu'ont m'aidé par ses livres, articles et conseils...

- Fabiola Mata Avila (2002). « Raisonnement qualitatif dans les systèmes multi-agents basé sur les cartes causales ».
- W. B. Vasantha Kandasamy & Florentin Smarandache (2003). «Fuzzy Cognitive Maps and Neutrosophic Cognitive Maps ».
- Fabiola Mata Avila (2001). « Utilisation des cartes cognitives dans les systèmes multi-agents ».
- Alexis Tsoukiàs. « De la théorie de la décision à l'aide à la décision ».
- Sven Ove Hansson (2005). « Decision Theory A Brief Introduction ».
- Eric Sigward. « Introduction à la théorie des graphes ».
- Didier Maquin (2003). « Eléments de Théorie des Graphes ».
- Larousse 2008.
- Larousse Médical 2003.

www.ingramcontent.com/pod-product-compliance
Lightning Source LLC
LaVergne TN
LVHW042348060326
832902LV00006B/455